Massagem para Gestantes

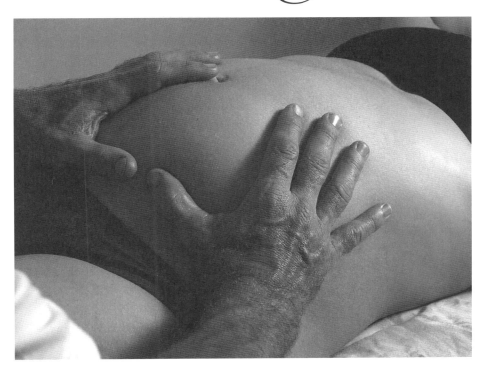

Dados Internacionais de Catalogação na Publicação (CIP)
(Câmara Brasileira do Livro, SP, Brasil)

Donatelli, Sidney
    Massagem para gestantes / Sidney Donatelli. –
1. ed. – São Paulo: Ícone, 2013.

Bibliografia
ISBN 978-85-274-1222-3

    1. Gestantes – Cuidado e tratamento. 2. Massagem
para gestantes. 3. Medicina chinesa. I. Título.

12-12416   CDU – 610.951

Índices para catálogo sistemático:

1. Massagem para gestantes: Medicina chinesa 610.951

Sidney Donatelli

Massagem para Gestantes

1ª edição
Brasil
2013

© Copyright 2013
Ícone Editora Ltda.

Desenvolvimento do projeto
Produção geral: Sidney Donatelli
Consultoria editorial: Angela Adriana de Souza
Fotografia: Roberto Stajano; Sidney Donatelli
Ilustração: Gáu
Modelos gestantes: Anahi Pinsard Donatelli; Joziane Rodrigues dos Santos
Modelos: Augusta Michaela; Luciana de Pádua Pauletti; Arthur Donatelli Gouveia

Design gráfico, capa e diagramação
Richard Veiga

Revisão
Saulo C. Rêgo Barros
Juliana Biggi

Proibida a reprodução total ou parcial desta obra, de qualquer forma ou meio eletrônico, mecânico, inclusive por meio de processos xerográficos, sem permissão expressa do editor. (Lei nº 9.610/98)

Todos os direitos reservados para:
ÍCONE EDITORA LTDA.
Rua Anhanguera, 56 – Barra Funda
CEP: 01135-000 – São Paulo/SP
Fone/Fax.: (11) 3392-7771
www.iconeeditora.com.br
iconevendas@iconeeditora.com.br

*É com muita satisfação que apresento este material,
pois atendo gestantes em massoterapia desde 1983.
A alegria se renova com a gravidez de Anahi,
minha filha querida, que se beneficiou deste trabalho
e possibilitou o registro fotográfico deste processo.*

Sumário

Prefácio, 11

Introdução, 13

Gestação, 17

Capítulo 1.
Massagem, 19

Tipos de toque, 20
    a) Deslizamento, **20**
    b) Fricção, **22**
    c) Pressão, **23**
    d) Amassamento, **26**
    e) Pinçamento, **28**
    f) Percussão, **30**
    g) Vibração, **33**

Sequência da massagem, 35

1. Posição: decúbito lateral (de lado), **35**
2. Posição: decúbito dorsal, **39**
3. Posição: sentada num banco, **45**
4. Posição: sentada num banco com o tronco apoiado, **48**
5. Pontos de estímulo, **51**
6. Localização anatômica dos pontos de estímulo, **53**
7. Distâncias para a localização dos pontos, **64**
8. Óleos para massagem, **66**

Capítulo 2.
Métodos complementares, 67

1. Alongamento passivo, **68**
2. Respiração, **71**
3. Polarização – toque leve ou imposição das mãos próximas da pele, **74**
4. Alongamento ativo, **76**
5. Trabalho ativo de tônus muscular (feito pela gestante com supervisão do terapeuta), **84**
   1. Posição: decúbito dorsal com os joelhos flexionados no chão, **84**
   2. Massagem perineal, **87**
   3. Posição: em pé, **88**

Capítulo 3.
No cotidiano, 93

1. Posições no cotidiano, **93**
2. Alimentação, **94**
3. Cuidados gerais, **95**

Capítulo 4.
Conceitos da Medicina Tradicional Chinesa, 97

1. *Yīn* e *Yáng*, **97**

2. Cinco Movimentos, **99**

3. Tendências de manifestações em cada período, **101**

4. Avaliação energética com base nos estados anímicos, referente aos Cinco Movimentos, **102**

Anexo.
Mapas dos meridianos, 105

Bibliografia, 111

Prefácio

Acompanhar profissional e pessoalmente Sidney Donatelli trouxe-me a possibilidade de conhecer um ser estudioso que cuida da sua arte — a massagem — como poucos acadêmicos a apresentam: de forma entusiástica, somando constantemente teoria e prática, agregando valores, filosofias, e criando, criando muito, para a alegria e bem-estar dos clientes e boa formação dos massoterapeutas.

Emociona-me olhar para a composição deste livro — *Massagem para Gestantes* — e ser prova da constituição de cada toque, de cada sequência, que, como instrumentos profiláticos e terapêuticos, fortalecem esse processo transformador maravilhoso que é a gestação e propiciam um meio relacional de intimidade, amor e receptividade com o bebê.

Esse estudo teórico e prático, unindo a abordagem oriental e a ocidental sobre a massagem — além de muita vivência espiritual e relacional do autor — vem mostrar uma real integração entre o nosso universo existencial, energético e físico, apresentando não só uma leitura destes padrões, como também formas de atuarmos por meio do toque para gerar a fluência da energia (*qi*), soltura muscular e bons posicionamentos articulares.

Os toques nas várias posições e planos, as intensidades e direções variadas, os materiais intermediários, a sequência (que chega a ser didática na constituição do atendimento) trazem ao massoterapeuta e à gestante a certeza de um caminho terapêutico sólido, sensível e pertinente a todas as fases vividas na gestação.

Encontramos ainda, nesta obra, a menção a outros aspectos que complementam todo o processo humano e gestacional, e possíveis de serem abordados no trabalho da massagem, como a orientação alimentar, os bons hábitos diários, a respiração, os óleos terapêuticos, as compressas, estimulando assim o desenvolvimento da educação somática e a consciência da gestante para este processo único e sagrado vivido pelo feminino.

Tenho a certeza — se assim é possível avaliar — de que este é um dos trabalhos mais belos, compromissados e sensíveis de Sidney, e sugiro a todos aqueles que atuam com o toque em gestantes que se beneficiem deste saber.

Desejo que muitas gestantes e bebês façam parte desta grande corrente de amor, que é gerada por um toque conectado ao universo físico e energético.

Fica aqui minha alegria e agradecimento por poder partilhar de todo este conhecimento.

Prof.ª Claudia Regina Passos
Psicopedagoga e massoterapeuta

Introdução

O tato é o primeiro sentido que se desenvolve na formação do organismo. No período intrauterino o feto já é "tocado" pela placenta e tecidos e assim recebe esta informação tátil, que ficará gravada na sua memória somática.

Desde muito cedo, o bebê busca a linguagem do tato tanto no sentido de ser protegido e cuidado como na relação com a mãe e posteriormente com o mundo. Se no início da vida o toque for fluente (incluído o período intrauterino, em que a mãe pode dar o tempo e atenção para o próprio organismo "tocar" o feto), temos um resultado na formação comportamental ao longo da vida: estabilidade psicossomática, segurança e fluência na comunicação.

A linguagem tátil desempenha um papel de profundidade na interpessoalidade, prestando-se como uma ferramenta para o estímulo à curiosidade e à prudência, à solidariedade, à afetividade, à responsabilidade, à suavidade, ao compromisso pessoal e coletivo, fatores fundamentais para a estética da sensibilidade.

Os mamíferos, incluindo os seres humanos, que têm o sistema límbico no seu cérebro, e assim o potencial da afetividade, desenvolvem a linguagem tátil. Os animais usam diversas partes do corpo e até a língua para interagir por meio do toque e os humanos usam com mais frequência as mãos.

Na história humana, o uso do toque com a finalidade de proteger, acolher e cuidar se aprimora ao longo dos anos e essa prática dá origem ao que conhecemos atualmente como massagem.

A massagem é descrita em muitos livros de tradições antigas e também da ciência atual, e se manifesta numa grande variedade de métodos. Seus resultados, tanto no aspecto profilático como terapêutico, são validados e reconhecidos pelos usuários em geral e, em particular, pelas gestantes.

Segundo a Medicina Tradicional Chinesa, no encontro do sêmen com o óvulo, no momento da fecundação, origina-se uma nova partícula energética, que recebe do macrocosmos um *quantum* de energia. O encontro dos pais é a via que possibilita um novo ser, caracterizando assim a manutenção da ancestralidade da espécie.

Esta força ancestral, chamada de Essência, será resguardada nos rins e utilizada ao logo da vida. Todos os excessos mentais, emocionais e físicos desgastam este *quantum* de energia.

Na visão da Medicina Tradicional Chinesa temos o potencial da Consciência que nos possibilita a conexão com nossos ancestrais, e o trânsito saudável interpessoal e a capacidade de equilibrar nossa energia por meio da respiração, alimentação e trabalhos corporais, incluindo as intervenções da massagem e outros métodos naturais. Esses são meios preciosos para preservação do *quantum* energético da força ancestral.

Entre 21 e 42 anos de idade, aproximadamente, a mulher está totalmente desenvolvida, está no ápice da sua força energética e física, seus ossos e músculos são fortes, está vigorosa e fecunda, sendo este um período propício para a gestação. Porém, sempre haverá uma variação na faixa etária favorável para a maternidade de acordo com a individualidade de cada mulher, sua maturidade, estabilidade, saúde emocional e orgânica, além dos próprios paradigmas históricos, em que já foi aceitável e comum, por exemplo, a mulher engravidar logo que passa a menstruar, o que ocorre, em média, aos 14 anos.

Mas, independentemente destes fatores, a gestação é um momento especial nos ciclos da vida, a mulher ao gerar passa a ser uma provedora da vida e isso potencializa o seu contentamento e o entusiasmo, mesmo com os desconfortos inerentes da mulher grávida.

Esses desconfortos podem ser cuidados com a massagem e os métodos corporais complementares: alongamento passivo e ativo, respiração, polarização, trabalho ativo de tônus musculares, que abordaremos neste livro.

As transformações que ocorrem neste período naturalmente geram um estresse, mas com esses instrumentos, que destrincharemos neste material, elas podem ser vivenciadas como uma experiência somática e anímica de disponibilidade e maturidade, que fazem parte da natureza do evento da procriação.

Com essas técnicas e procedimentos a gestante terá um alívio nas suas tensões físicas, emocionais e mentais, na organização do seu corpo, contribuindo como preparação para o trabalho de parto e pós-parto, além de possibilitar o aflorar da sua sensibilidade e da troca interpessoal com as pessoas próximas, potencializando a sua amorosidade e o prazer de estar viva.

Os métodos de massagem e técnicas complementares que indicamos podem ser aplicados pelo massoterapeuta, doulas, profissionais de saúde, pelo(a) companheiro(a) e pessoas próximas, além do trabalho individual da gestante.

Durante todo meu percurso profissional, desde 1983, tive a oportunidade de acompanhar muitas mulheres antes, durante e após a gestação; pratiquei massagem durante a gestação de minha filha e pude me aprofundar na relação amorosa da mãe, pai e do novo ser. Após 23 anos, interagi com minha filha, como massoterapeuta, durante a gestação do meu neto. Por meio destas vivências pude observar todos os benefícios desta prática de cuidar e interagir, otimizando este momento divino da vida.

Sou muito grato por essa oportunidade.

Nas palavras chinesas usaremos o sistema ortográfico **pīnyīn** em negrito. Esse sistema ortográfico faz a transliteração para os idiomas ocidentais do som dos ideogramas e caracteres da língua chinesa. Além do alfabeto latino utiliza símbolos, como os acentos ocidentais, que indicam a pronúncia da fala original, baseada no acento verbal do dialeto do mandarim do norte – Pequim. As palavras ligadas aos conceitos da MTC estarão com a primeira letra maiúscula. Por exemplo Pulmão = meridiano e pulmão = órgão.

Gestação

Em situações de mudança, nós podemos reagir com um certo medo e/ou ansiedade. Este fenômeno é natural e positivo, pois indica que devemos nos mobilizar para descondicionar os nossos mecanismos referentes à situação anterior para nos adaptarmos à nova situação.

Assim, devemos penetrar nas novas situações, atentos às nossas sensações, pela vivência prática e também pela aquisição ou confirmação de informações e conteúdos referentes ao novo momento. Desta forma o medo e a ansiedade funcionam como termômetro para agirmos rumo à harmonia na nova situação e não como impedimento e retração à vivência, nos mantendo presos à situação anterior, privando-nos da cíclica evolução através do novo.

A gestação já é em si um evento repleto de transformações. Além das modificações físicas internas e externas, como a grande produção de hormônios, o reajuste dos órgãos, o aumento do ventre, dos seios e do peso corporal, o ser individualizado passa esse período "acompanhado". O medo e a ansiedade, se retidos, originam tensão, que origina dor, que por sua vez intensifica a sensação do medo e ansiedade, e assim por diante. Isto altera a respiração da pessoa e desregula a utilização da sua energia, afetando a sua "companhia" — o bebê em formação — além de causar um esgotamento, comprometendo um parto tranquilo, podendo causar uma cesariana desnecessária ou um parto muito sofrido.

É importante que os envolvidos na gestação, todas as pessoas que convivem com a futura mamãe, se informem sobre o processo fisiológico, desde a concepção até o parto, evitando sustos e fantasias por desinformação. A gestante, em especial, deve ter oportunidade de expor suas sensações, dificuldades, receios, fantasias, enfim, o seu mundo interno e assim viver intensamente e evoluir na sua condição humano-geradora, ao invés de se fechar nos seus sentimentos e ficar ouvindo "dicas" de fontes diversas e contraditórias que só aumentam a instabilidade nervosa.

O tempo médio da gestação é de 10 luas ou 40 semanas, e o aumento de peso a partir do 3º mês é em média de 250 g a 500 g por semana.

1. Massagem

A massagem é um ato intuitivo, é um gesto de despertar, acariciar, proteger ou aliviar um incômodo. A sensibilidade permite o aprofundamento destes gestos, estabelecendo uma linguagem tátil, em que a percepção do corpo do massageado e a expressão do toque estejam sintonizadas com os limites produtivos desta linguagem. Na gravidez, o processo terapêutico da massagem deve ser direcionado a este evento, não se aprofundando, por ora, em outras questões, que devem ser observadas para serem trabalhadas em um outro momento oportuno. No geral, a expressão do toque deve ser suave, os movimentos rápidos que se façam necessários devem ser cautelosamente definidos, considerando-se o local nunca próximo ao ventre — e a dinâmica crescente partindo do lento. Não fazer movimentos repentinos. Deve-se explorar a expressão de carinho (principalmente na parte anterior do tronco), segurança e fluidez.

Os toques lentos, a pressão constante e a fricção lenta no sentido anti-horário têm efeito calmante ou sedativo.

Os toques rápidos, a pressão intermitente e a fricção rápida no sentido horário têm efeito estimulante ou tonificante.

O toque de harmonização é feito com fricção circular numa velocidade média, três vezes no sentido horário e três vezes no sentido anti-horário.

Tipos de toque

a) Deslizamento

⇒ As mãos devem amoldar-se à parte tocada.
⇒ Pode ser com as palmas das mãos, com a(s) polpa(s) dos dedos ou com o antebraço.
⇒ O toque pode ser superficial, médio ou profundo.
O deslizamento superficial é usado no início e final do diálogo tátil.

Serve para "ler" e perceber a temperatura e textura da pele, as condições dos tecidos e ossos.

O deslizamento médio e profundo remove as toxinas, estimula a circulação sanguínea e linfática, dissolve restrições teciduais.

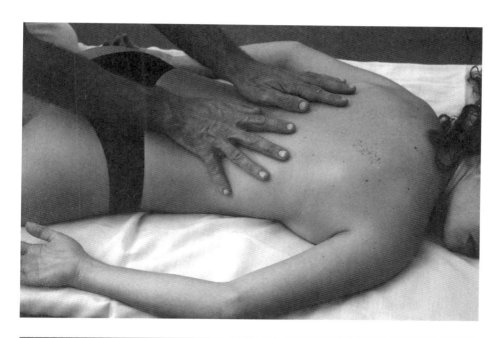
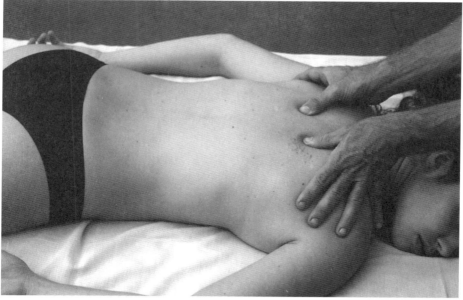

b) Fricção

⇒ Pode ser com a polpa de um ou mais dedos e também com a palma de uma ou de ambas as mãos.
⇒ A profundidade do toque deve estar de acordo com a "boa" receptividade da massageada.
⇒ Lenta e no sentido circular e anti-horário promove sedação. Rápida e no sentido circular e horário promove tonificação.

Dispersa concentrações musculares e áreas com acúmulo de resíduos, promove o amaciamento das articulações e tecidos. Quando feita com um dedo (principalmente o polegar) sobre os meridianos, estimula o fluxo nos meridianos de energia.

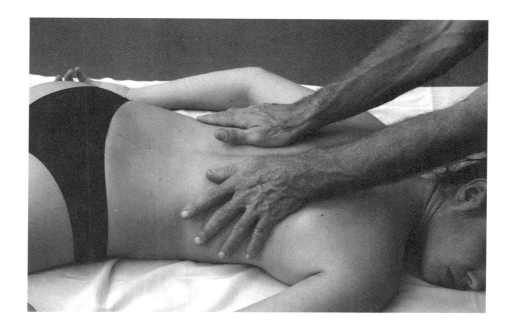

c) Pressão

⇒ Pode ser com as eminências da(s) mão(s), com a(s) polpa(s) do(s) dedo(s) e com o(s) cotovelo(s).
⇒ A profundidade deve estar de acordo com a proporção do corpo e tônus muscular da massageada.

A pressão constante no sentido diagonal aos tecidos promove a liberação miofascial. Tem efeito analgésico e regula o fluxo de energia nos meridianos.

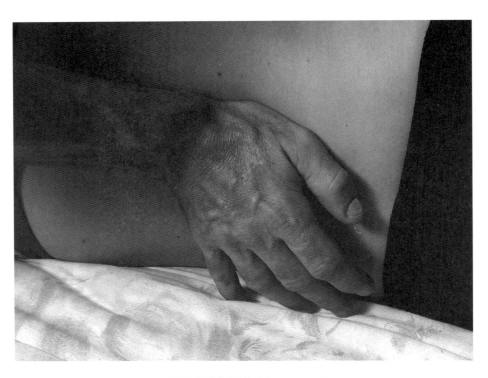
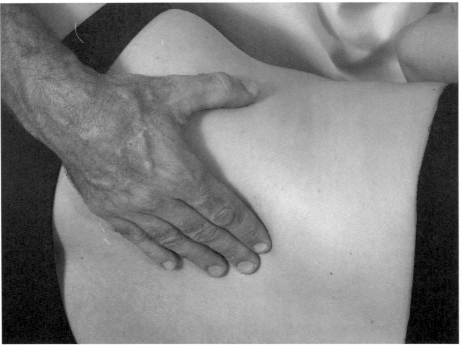

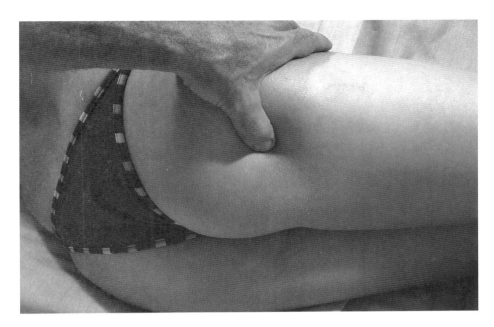
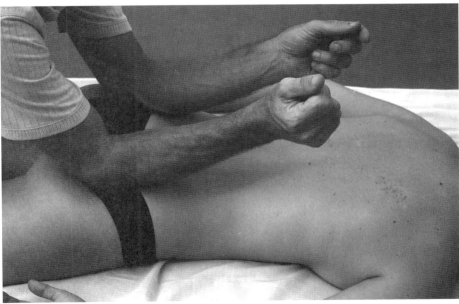

d) Amassamento

⇒ Pode ser reptante, compressão, rolante ou com os dedos entrelaçados.
⇒ Eficaz para áreas com bastante tecido muscular.

Remove as toxinas e propicia a nutrição da massa muscular, estimula a circulação sanguínea e linfática, desenrijece a musculatura.

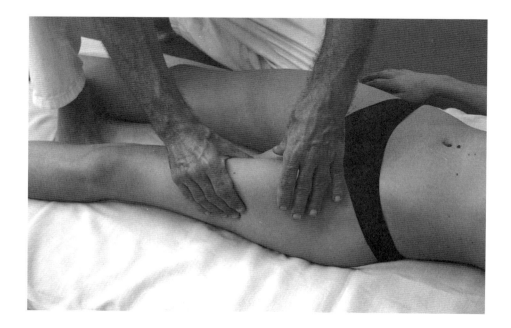

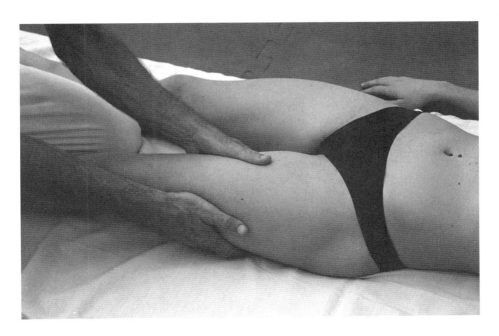

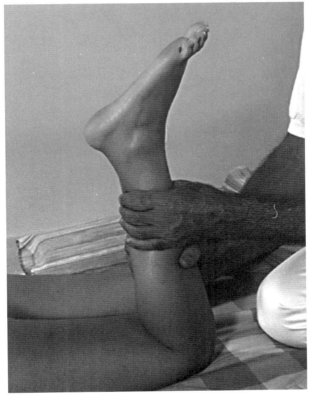

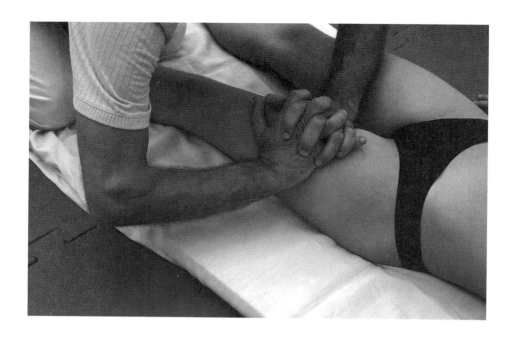

e) Pinçamento

⇒ Usa-se a mão como uma pinça na pele ou na massa muscular.

Estimula a circulação sanguínea e linfática, permite o deslocamento dos tecidos aderidos e da pele sobre o músculo.

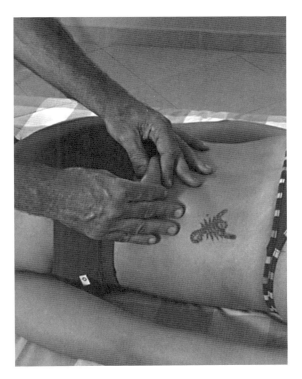
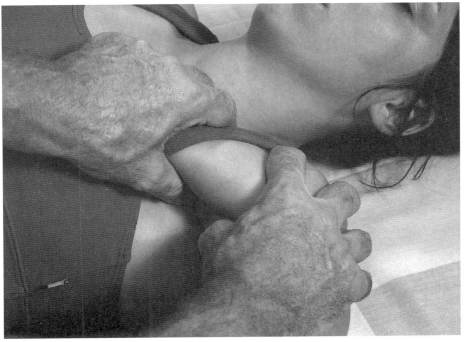

f) Percussão

⇒ Pode ser feito com a lateral ulnar das mãos, com os polegares entrelaçados, com os dedos e com a mão fechada ou com a mão em concha (tapotagem).

Melhora a circulação sanguínea periférica, induz o tônus muscular, reduz os depósitos de gordura, solta o muco do pulmão.

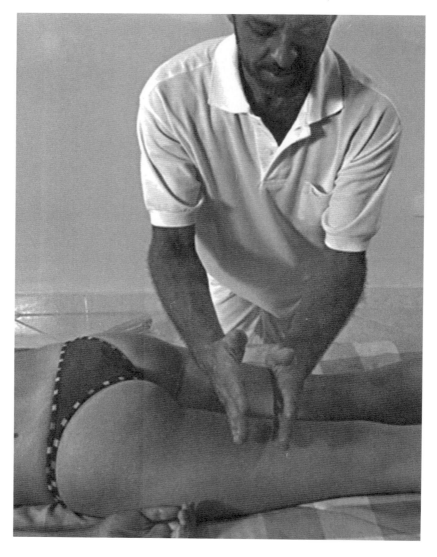

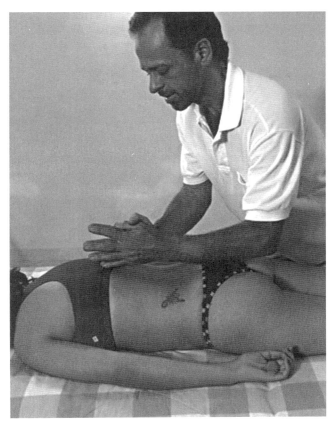

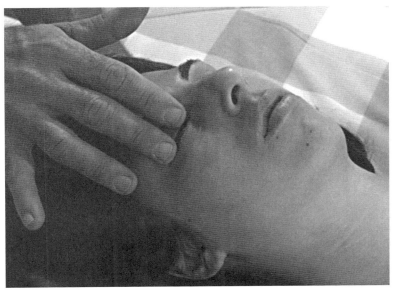

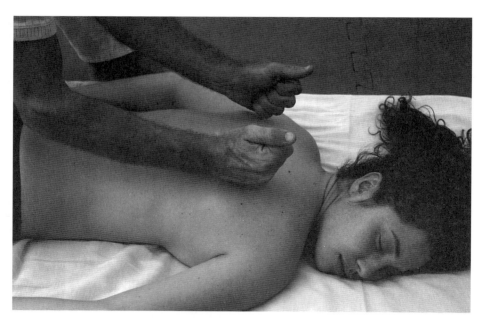
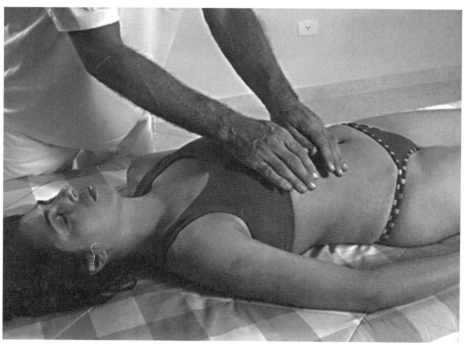

g) Vibração

⇒ Pode ser feita com o apoio do(s) dedo(s), com a palma da mão e com a movimentação na extremidade dos membros.
⇒ Este movimento gera uma onda vibratória e propicia a desestagnação física e energética.

Efeito anestésico local, analgésico e relaxante muscular.

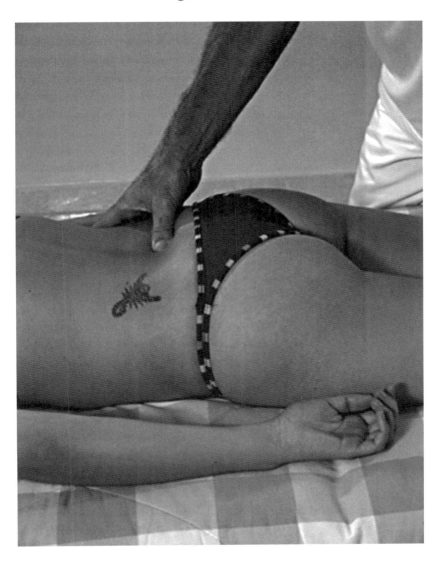

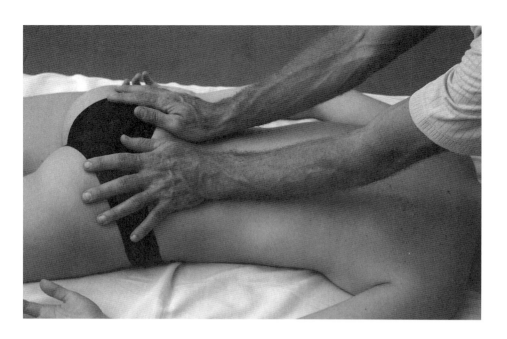
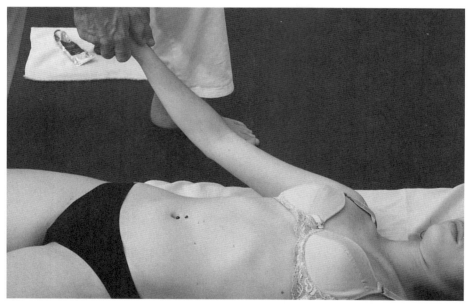

Sequência da massagem

A sequência completa de massagem pode ser aplicada de uma a três vezes (em dias intercalados) na semana.

Não há uma única sequência de massagem a ser seguida, mas sugerimos uma boa opção:

Iniciando-se em decúbito lateral (tópico 1) e posteriormente em decúbito dorsal (tópico 2).

As posições sentadas num banco (tópico 3) e sentada num banco com apoio (tópico 4) podem ser aplicadas separadamente ou antes das posições deitadas (tópicos 1 e 2).

O pontos de estímulos (tópico 5) são usados no decorrer da sequência, de acordo com a experiência do aplicador, e podem ser praticados como automassagem pela gestante, 3 vezes por semana.

Os outros recursos complementares de toque, alongamento passivo e polarização, podem ser aplicados durante a sequência ou como atividade corporal individual aplicada na gestante. Serão descritos a partir da página 67.

1. Posição: decúbito lateral (de lado)

Pernas flexionadas e separadas por travesseiro entre as coxas e joelhos, o braço de baixo perpendicular ao corpo para frente, e o de cima na frente do peito (pode estar apoiado numa almofada). Apoiar a cabeça em um travesseiro, deixando as vértebras cervicais alinhadas. Esta posição possibilita o trabalho na parte posterior do corpo.

a) Abertura da passagem do sacro para a região lombar
⇒ Fricção circular no sacro.
⇒ Pressão, empurrão e fricção circular entre o sacro e a vértebra L5.

b) Abertura dos espaços entre as vértebras lombares
⇒ Pressão, empurrão e fricção circular nos espaços intervertebrais.

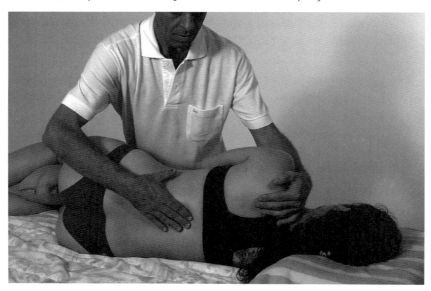

c) Abertura dos espaços entre as vértebras torácicas

⇒ Pressão, empurrão e fricção circular nos espaços intervertebrais.

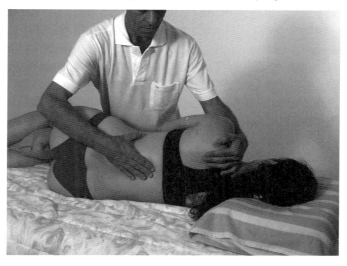

d) Mobilização e liberação das escápulas

⇒ Movimentar a escápula, que desliza sobre as costelas, nas várias direções.
⇒ Pressão com os dedos penetrando no espaço entre a escápula e as costelas.

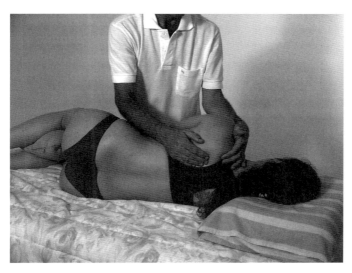

e) Liberação dos tecidos na região paravertebral

⇒ Pressão com os dedos na direção diagonal, mantendo a pressão constante.

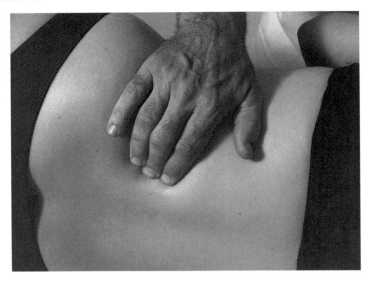

f) Alinhamento das vértebras lombotorácicas

⇒ Compressão com as eminências na mão sobre as vértebras T12 a T9.

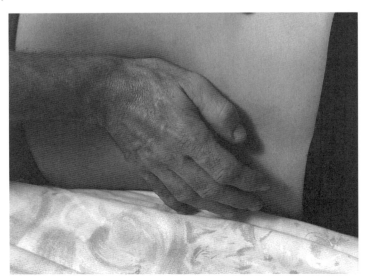

g) Liberação dos tecidos do ombro e cervical

⇒ Pressão com os dedos ou com os nós dos dedos no ombro sobre os músculos trapézio e supraespinhal, mantendo a pressão constante.

⇒ Deslizamento profundo e lento no caminho lateral do pescoço, iniciando na borda inferior da cabeça e chegando ao ombro, sobre os músculos escalenos e elevador da escápula.

2. Posição: decúbito dorsal

Apoiar os joelhos semiflexionados em almofadas, soltando assim a região lombar e os músculos abdominais (figura 1), ou sobre uma elevação (figura 2).

Figura 1.

Figura 2.

a) Estímulo do fluxo dos meridianos (ver mapa dos meridianos no anexo do livro), com exceção do Baço-Pâncreas entre o tornozelo e o joelho, pois está alterado em prol da gestação. Toques de deslizamentos e pressão nos pontos, iniciando nos pés (meridianos R e F) até a coxa e da coxa para os pés (meridianos E e VB).

b) Liberação de nódulos musculares localizados nas pernas, por meio de fricções e pressão constante na direção diagonal e deslizamento com os quatro dedos iniciando no maléolo interno até a coxa interna.

c) Movimento passivo em todas as articulações dos pés, pernas e coxa, estimulando o movimento cotidiano da gestante.

d) Conscientizar sobre a articulação sacroilíaca que está comprimida, devido à "abertura" da cintura pélvica.

e) Apoio no sacro e micromovimentos na passagem sacrolombar, região que está alterada.

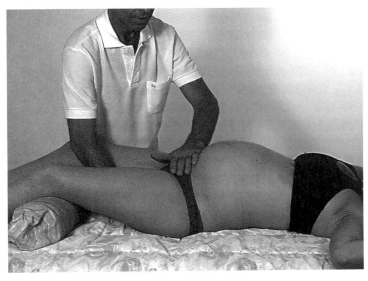

f) "Separação" dos tecidos da região do cólon descendente e órgãos genitais, por meio de apalpações.

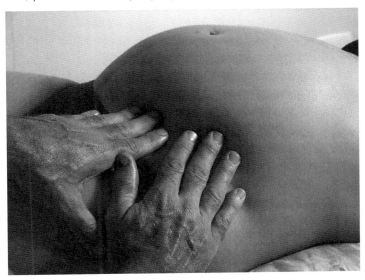

g) "Separação" do volume abdominal (abrigo do feto) com os órgãos digestivos, caixa torácica e músculo diafragma, por meio de apalpações e deslizamentos na circunferência da barriga.

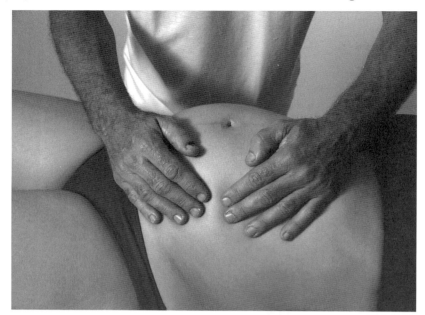

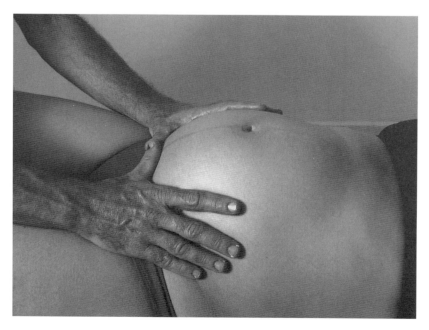

h) Trabalho na circulação de retorno das pernas, pois o ventre crescido e a postura lombar pressionam artérias e veias, por meio de amassamentos e pinçamentos que iniciam no tornozelo e vão até a coxa.

i) Relaxamento muscular e mentalização dos processos formativos do feto, conforme a fase em que se encontra, e dos seus movimentos no seu meio líquido.

j) Sobre a barriga, fazer somente deslizamentos suaves e leves, e fricções lentas e superficiais, e procurar estabelecer uma relação com o pulso do bebê.

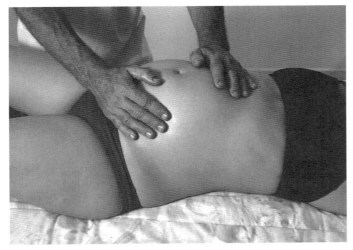

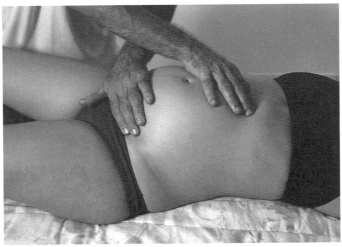

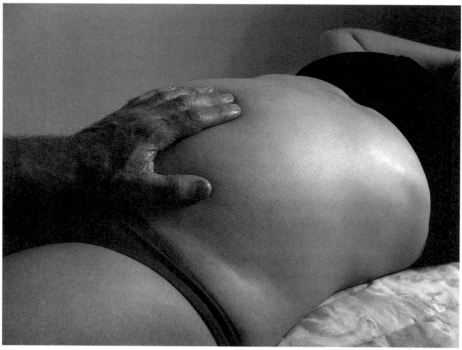

3. Posição: sentada num banco

Com os pés paralelos apoiados por inteiro no chão, com os ossos ísquios bem apoiados no banco, as pernas levemente separadas e a coluna ereta.

a) Inclinação anterior do tronco

Pede-se para a massageada manter os apoios nos pés e ísquios, e levemente inclinar o corpo anteriormente, por meio da soltura do peso, com as referências da cabeça, pescoço, tórax e tronco, enquanto o terapeuta promove:

⇒ Pressões e vibrações nos espaços intervertebrais e na musculatura paravertebral.
⇒ Quando o corpo estiver totalmente inclinado, oposição da cintura pélvica com a cabeça.
⇒ Pinçamento na musculatura da região cervical.

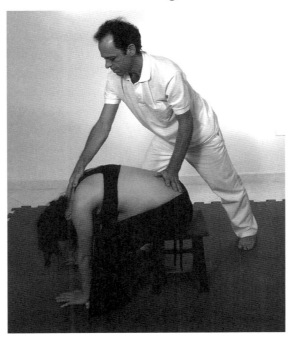

b) Tração cervical

⇒ Com o apoio dos polegares na borda inferior da cabeça e os dedos na face, promover uma tração vertical para cima com pequenas rotações da cabeça.

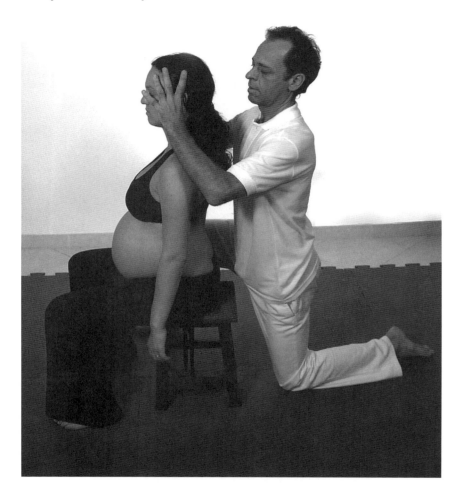

c) Rotação do tronco

⇒ Com os apoios firmes no pé direito e o eixo central direcionado verticalmente para cima, a massageada faz uma rotação do tronco e o terapeuta direciona a rotação do tronco para a esquerda, durante as expirações.

d) Repetir a rotação do tronco para o lado direito, com o apoio firme no pé esquerdo.

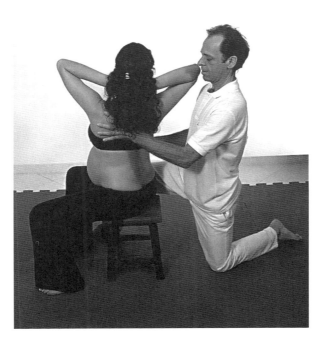

4. Posição: sentada num banco com o tronco apoiado

Com as pernas levemente separadas, os pés apoiados no chão, com o tronco relaxado para a frente e apoiado numa mesa com os braços abertos para cima, e a cabeça apoiada deitada de lado.

a) Espaço intervertebrais
⇒ Pressões e vibrações nos espaços intervertebrais e na musculatura paravertebral.
⇒ Oposição das mãos, arredondando a coluna e abrindo os espaços intervertebrais.

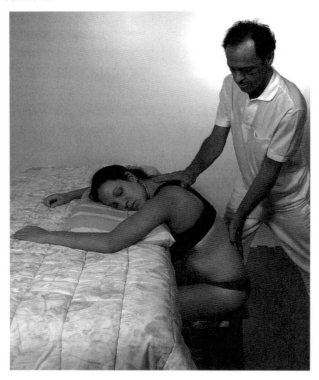

b) Liberação dos tecidos na região torácica
⇒ Pressão com os dedos em diagonal nos tecidos, na região entre a coluna e a escápula, sobre os músculos trapézio e romboides.

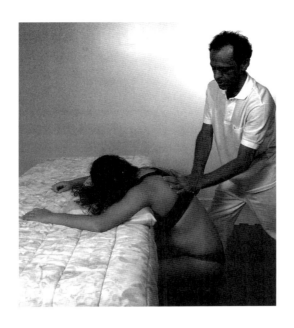

c) Liberação dos tecidos sob a escápula

⇒ Pressão com o polegar ou com os dedos, penetrando sob a escápula, enquanto a outra mão promove pequenos movimentos da escápula.

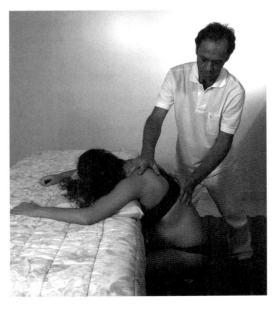

d) Liberação dos tecidos nas costas e estímulo no meridiano da Bexiga

⇒ Fricções circulares e deslizamento nas costas de cima para baixo.

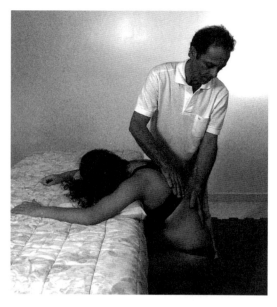

e) Alongamento e liberação dos tecidos na região lombar

⇒ Compressão com a palma das mãos na região lombar, direcionando a bacia para baixo.

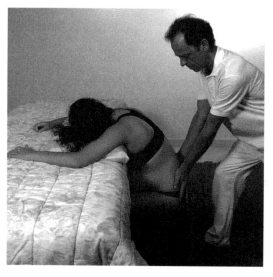

f) Abertura do anel torácico

⇒ A massageada mantém os apoios dos pés e nos ísquios e dá passividade no tronco, relaxando no corpo do terapeuta, este projeta levemente os ombros para trás.
⇒ Deslizamento que inicia no osso esterno, passando pelas clavículas e chegando nos ombros.
⇒ Pinçamento no músculo trapézio nos ombros.

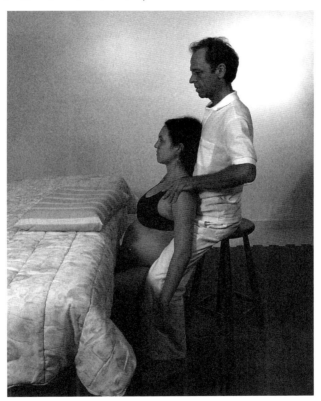

5. Pontos de estímulo

Com base na massagem chinesa, **tuī ná** e **Do in**, podemos mobilizar o fluxo de energia nos meridianos chineses por meio dos pontos de estímulo.

Estes pontos podem ser tocados com o intuito de harmonizar, tonificar e sedar, conforme situações que veremos a seguir:

Indicação	Pontos	Tipo de toque
Auxilia no trabalho de parto	B60, B67, BP6, E18, E30, F14, IG4, R1, VB21, VC1, VG1	Toque de harmonizar
Auxilia no aleitamento	E18, ID1, VB21, VC17	Toque de harmonizar ou tonificar
Auxilia a eliminação da placenta	B60, VC3	Toque de tonificar
Aprimoramento da constituição embrionária e interrupção da transmissão hereditária ou ancestral negativa	R9	Toque de harmonizar
Câimbras musculares	F3, VB34	Toque de sedar
Dores das contrações	B60, TA5, VB34	Toque de harmonizar
Enjoo e vômito	CS6, R21	Toque de sedar
Hemorragia após a eliminação da placenta	VC2	Toque de sedar
Perda dos sentidos (síncope)	C7	Toque de tonificar

> **Atenção**
>
> Não devem ser tocados os pontos: BP6, E36, IG4, VC1, VC3 a VC10, pois estimulam o movimento centrífugo do aparelho urogenital, podendo incentivar abortos.
> São pontos que auxiliam no parto.
>
> Na acupuntura também não são trabalhados os pontos B60 e B67, na massagem podem ser trabalhados com suavidade e com toque de harmonização.

Tipos de toque	A partir da pressão com a polpa ou a ponta do(s) dedo(s) ou nos ângulos ungueais com a ponta da unha	Tempo de permanência
Harmonizar	• Fricção circular (aproximadamente um segundo por rotação), intercalando-se três rotações. • No sentido horário e três no sentido anti-horário. • Com as eminências da mão e promover uma leve vibração.	De seis segundos (uma respiração) até dezoito segundos
Tonificar	• Pressão intermitente rápida. • Fricção circular rápida no sentido horário.	Dezoito segundos no mínimo
Sedar	• Manter a pressão constante. • Fricção circular lenta no sentido anti-horário.	De dezoito segundos até seis minutos

6. Localização anatômica dos pontos de estímulo

B60

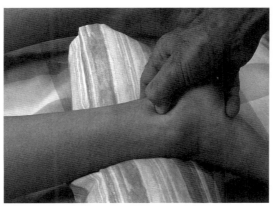

⇒ Na face posterolateral do tornozelo, na depressão entre o maléolo lateral e o tendão do calcâneo, no ângulo formado pelo osso calcâneo com o tendão do calcâneo.

⇒ Na margem inferior do músculo flexor longo do hálux, na borda medial dos músculos fibular longo e curto e na borda lateral do tendão do calcâneo.

B67

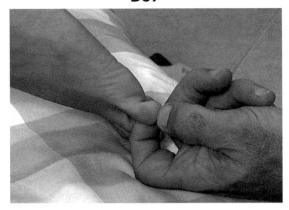

⇒ Na margem lateral do 5º artelho, na face dorsal da falange distal, a 0,1 de distância* do ângulo ungueal.
⇒ No periósteo.

BP6

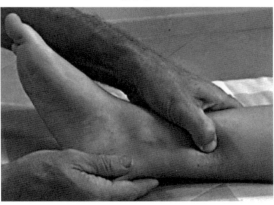

⇒ Na face medial e posterior da tíbia, a 3 distâncias* acima do maléolo medial.
⇒ No tendão do músculo sóleo, músculo flexor longo dos dedos e flexor longo do hálux.

---

* Verificar distâncias nas pp. 64-65.

C 9

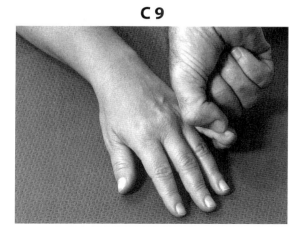

⇒ Na margem radial do dedo mínimo, na face dorsal da falange distal, a 0,1 de distância* do ângulo ungueal.
⇒ No periósteo.

CS6

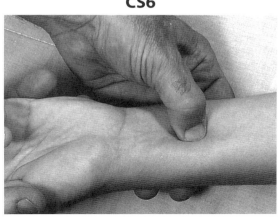

⇒ Na face flexora do antebraço, a 2 distâncias* acima da linha articular do punho, entre os ossos rádio e ulna.
⇒ Nos tendões dos músculos flexor radial do carpo e palmar longo, mais profundamente nos tendões dos músculos flexor superficial e profundo dos dedos e no músculo pronador quadrado.

---

* Verificar distâncias nas pp. 64-65.

E18

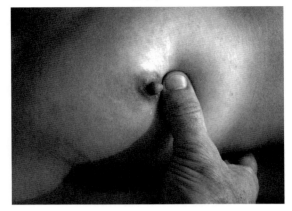

⇒ No tórax, no 5º espaço intercostal, a 4 distâncias* lateral da linha média (do pontos VC 16), na vertical do mamilo.
⇒ Nos músculos peitoral maior, intercostais e oblíquo externo do abdome.

E30

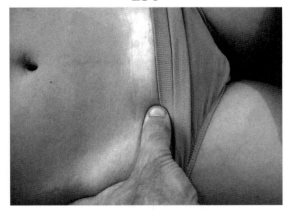

⇒ Na margem inferior do abdome, acima da borda superior do osso púbis, a 2 distâncias* da linha média (do ponto VC2).
⇒ Na borda lateral do músculo reto do abdome, músculos oblíquo externo do abdome, oblíquo interno do abdome e profundamente o iliopsoas.

---

* Verificar distâncias nas pp. 64-65.

F 3

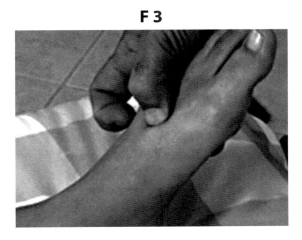

⇒ No dorso do pé, abaixo do ângulo interósseo formado pelos 1º e 2º metatarsos, na extremidade proximal do 1º metatarso.
⇒ Entre os tendões dos músculos extensor longo do hálux e extensor curto do hálux, na borda lateral do músculo extensor curto do hálux.

F14

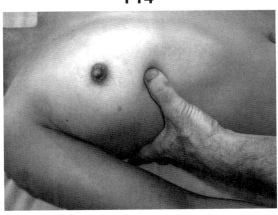

⇒ No tórax, no 6º espaço intercostal, na linha vertical do mamilo.
⇒ Nos músculos oblíquo externo do abdome e intercostais.

IG4

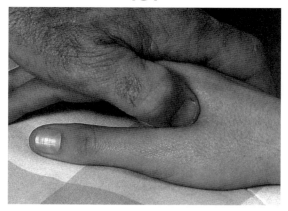

⇒ Na face extensora da mão, no centro da borda radial do 2º metacarpo, sobre uma saliência muscular entre o 1º e 2º metacarpos quando se faz a adução do polegar.
⇒ Nos músculos 1º interósseo dorsal e adutor do polegar.

ID1

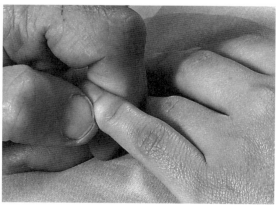

⇒ Na margem ulnar do dedo mínimo, na face dorsal da falange distal, a 0,1 de distância* do ângulo ungueal.
⇒ No periósteo.

---

* Verificar distâncias nas pp. 64-65.

R1

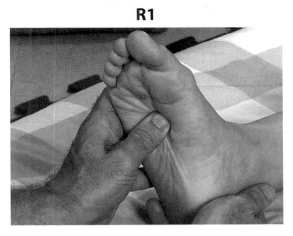

⇒ Na planta do pé, entre os 2º e 3º metatarsos próximos à articulação metatarsofalangiana, numa depressão a um terço da distância entre a base dos artelhos e o calcanhar.
⇒ Na aponeurose plantar e no tendão do músculo flexor curto dos dedos, mais profundamente nos músculos 2º lumbrical e interósseos.

R9

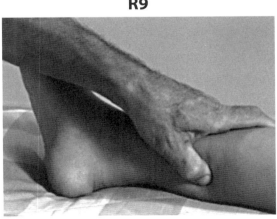

⇒ Na face medial da perna, a 5 distâncias* acima do maléolo medial (do ponto R 3), a 1 distância posterior da margem medial da tíbia.
⇒ Nos músculos sóleo e gastrocnêmio.

---

* Verificar distâncias nas pp. 64-65.

R21

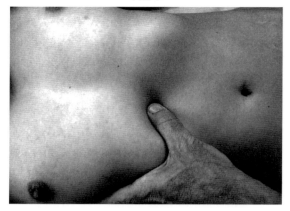

⇒ No abdome, a 6 distâncias* do umbigo, a 0,5 distância* lateral da linha média.
⇒ No músculo reto do abdome.

TA5

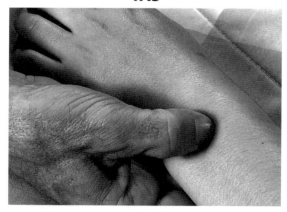

⇒ Na face extensora do antebraço, entre os ossos rádio e ulna, mais próximo ao rádio, a 3 distâncias* acima da linha articular do punho.
⇒ Nos músculos extensor longo do polegar e extensor dos dedos.

---

* Verificar distâncias nas pp. 64-65.

VB21

⇒ Na passagem do pescoço para o ombro, no centro da distância entre a 7ª cervical e a ponta do acrômio.
⇒ Nos músculos trapézio, elevador da escápula e supraespinhal.

VB34

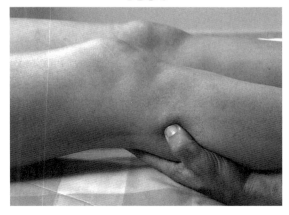

⇒ Na face lateral da perna, a 2 distâncias* abaixo da linha articular do joelho, numa reentrância muscular abaixo e à frente da cabeça da tíbia.
⇒ Nos músculos extensor longo dos dedos e fibular longo.

---

* Verificar distâncias nas pp. 64-65.

VC1

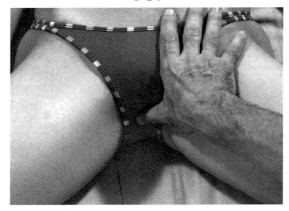

⇒ No assoalho pélvico, na linha média no centro do períneo, entre o ânus e a comissura labial.
⇒ Entre os músculos esfíncter externo do ânus e o músculo perineal transverso.

VC2

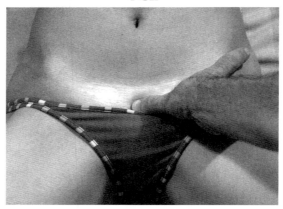

⇒ No baixo ventre, na linha média anterior, acima da borda superior do osso púbis, na linha alba.
⇒ Na fixação dos músculos piramidal e reto do abdome no púbis.

VC3

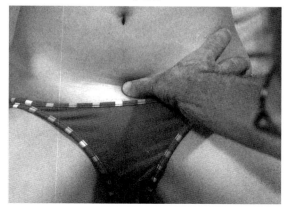

⇒ No ventre, na linha média anterior, a 1 distância* acima da borda superior do púbis, na linha Alba.
⇒ No centro do músculo reto do abdome.

VC17

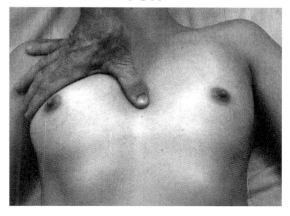

⇒ No tórax, na linha média anterior, no osso esterno, na altura do 4º espaço intercostal, na linha horizontal entre os mamilos.
⇒ No periósteo.

---

* Verificar distâncias nas pp. 64-65.

VG1

⇒ No assoalho pélvico, na linha média da região perineal, abaixo da extremidade inferior do cóccix, entre o ânus e o cóccix.
⇒ Nos músculos elevador do ânus e coccígeo.

7. Distâncias para a localização dos pontos

É o tamanho entre as pregas articulares da segunda falange do dedo médio, ou da largura maior do nó articular das falange do polegar da própria pessoa.

Estas distâncias são usadas para localizar precisamente os pontos no trajeto dos meridianos. Estarão descritas no texto da localização anatômica e nas figuras em que há uma numeração em linhas paralelas nos membros e abdome e na curva da cabeça.

1 distância　　　1,5 distância　　　3 distâncias

Mapeamento das distâncias no corpo

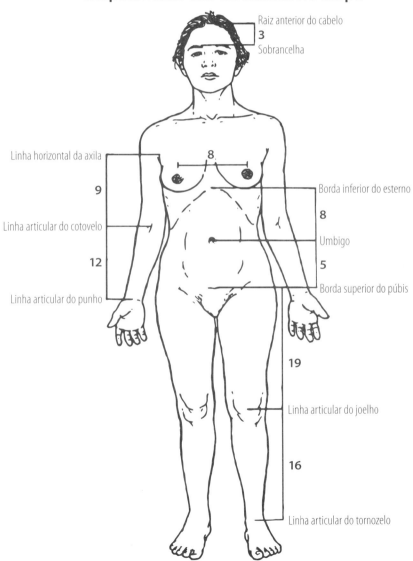

65

8. Óleos para massagem

Os óleos são de uso externo, preferencialmente vegetais, usados para o massageamento do corpo e também são empregados como complemento terapêutico, por meio dos seus princípios ativos. Veremos algumas opções para a gestante.

Amêndoa doce	Emoliente, suavizante, tonificante
Bétula	Estimulante da circulação periférica, tonificante, relaxante muscular
Calêndula	Adstringente, bactericida, calmante, refrescante
Camomila	Calmante, refrescante, suavizante
Jasmim	Antisséptico, antiespasmódico, parturiente, sedativo
Lavanda	Analgésico, estimulante da circulação periférica, relaxante muscular
Rosas	Adstringente, calmante, hidratante, refrescante

Também são recomendados os cremes de massagem de algas marinhas, gérmen de trigo e centelha asiática, com efeitos de revitalização e renovação da pele.

2. Métodos complementares

Além da sequência de massagem apresentada, há outros recursos de toque, movimento e organização corporal que podem contribuir para o bem-estar da mãe e do bebê durante a gestação e parto:

⇒ **Alongamento passivo:** pode ser aplicado na sequência de massagem ou como atividade corporal individual aplicada na gestante, diariamente.
⇒ **Polarização:** pode ser aplicada na sequência de massagem ou ser aplicada pelas pessoas do convívio, diariamente.

Respiração, alongamento ativo e trabalho de tônus muscular — devem ser aplicados pela gestante diariamente.

1. Alongamento passivo

A massageada permanece relaxada enquanto o terapeuta promove os movimentos.

a) Flexão das pernas separadas em direção ao tronco, na expiração. Pode colocar-se uma bola sob o quadril (como na figura) ou não. O alongamento se dá na musculatura posterior no sentido vertical, da região baixa torácica até os joelhos.

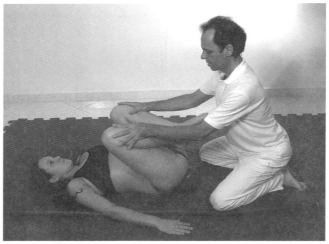

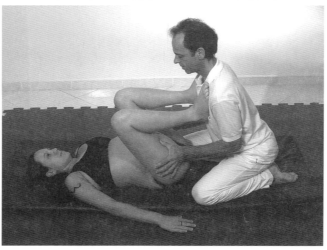

b) Flexão de uma perna com o fêmur alinhado na bacia com o joelho relaxado. O alongamento se dá nos músculos isquiotibiais.

⇒ Deslizamento e pressão com os polegares ou com os nós dos dedos na face posterior da coxa, no sentido da coxa para o joelho, promovendo liberação miofascial na coxa posterior.

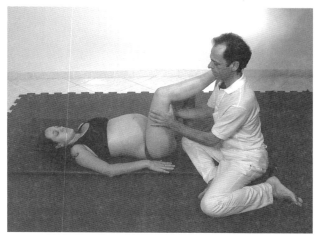

c) Rotação do quadril, com uma perna cruzando sobre a outra ou com os joelhos juntos. Na expiração, o terapeuta promove as direções da torção. O alongamento se dá nas regiões torácica e lombar, no sentido diagonal.

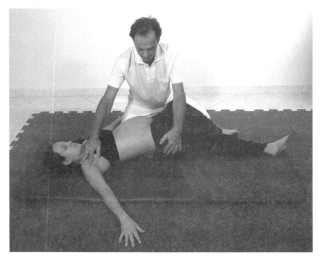

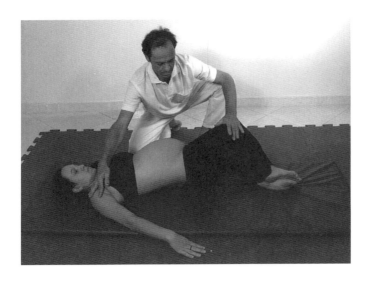

d) Cervical.
⇒ Com o apoio dos dedos na borda inferior da cabeça, tracionar a cabeça verticalmente para cima. O alongamento se dá na região cervical e nuca no sentido vertical.
⇒ A partir da rotação do pescoço, na expiração o terapeuta direciona a torção da cabeça com a oposição no ombro para o chão. O alongamento se dá na abertura do segmento ombro/cabeça e sentido de rotação das vértebras cervicais.

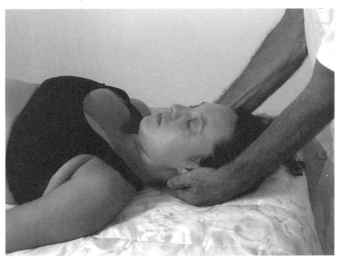

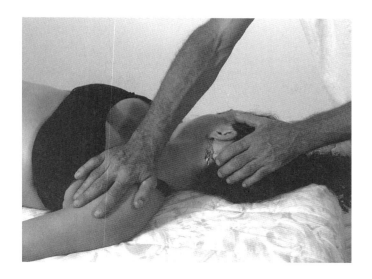

2. Respiração

É importante a gestante estar consciente da sua respiração, procurar lembrar sempre de observá-la no seu cotidiano, e dedicar diariamente momentos exclusivos para ocupar-se do ato de respirar.

Nesses momentos, visualizar o percurso do ar pelo corpo, o preenchimento do corpo com oxigênio e a captação da energia do ar pelo bebê. Localizar a inspiração como alimento de vida para ambos, e a expiração como a eliminação das impurezas e dos desgostos. Perceber a quantidade de força que se faz para respirar, e depois deixar-se "ser respirada pelo ar".

1. Deitada com as costas no chão e com um apoio abaixo dos joelhos, promover respiração nas seguintes dinâmicas:

a) Abdominal: usar somente o abdome, estufando-o ao inspirar e encolhendo-o ao expirar. Esta respiração pode também ser feita na posição de quatro apoios no chão (posição do gato: o movimento da coluna nasce no quadril).

b) Torácica: usar somente a região das costelas, alargando-as lateralmente ao inspirar e relaxando-as juntamente com as costas ao expirar.

c) Clavicular: usar somente a parte alta do tórax, abrindo e projetando as clavículas ao inspirar e pressionando o osso esterno para baixo ao expirar.

d) Respiração completa: usar as três regiões citadas seguindo a sequência: inspirando pelo abdome – tórax – clavículas, expirar pelo tórax – clavículas – abdome.

e) Respiração completa com suspensão: na inspiração visualizar a penetração do fluxo da energia, recolhendo-a no centro do corpo, suspender a respiração e fazer uma pequena contração abdominal no sentido centrífugo na direção dos orifícios da pelve (expulsar). Na expiração, relaxar e visualizar o desprendimento dos gases e fluidos densos.

2. Na posição com quatro apoios no chão, promover os movimentos côncavo e convexo da coluna, iniciando pelo quadril e terminando na cabeça, seguindo o fluxo da inspiração e expiração.

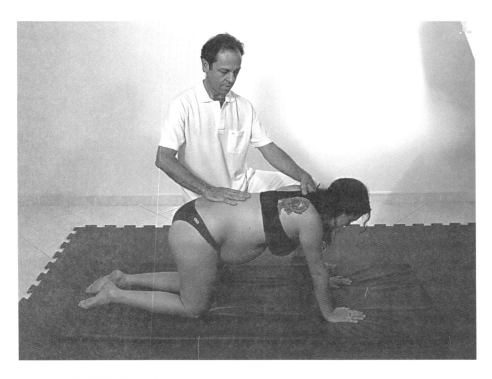
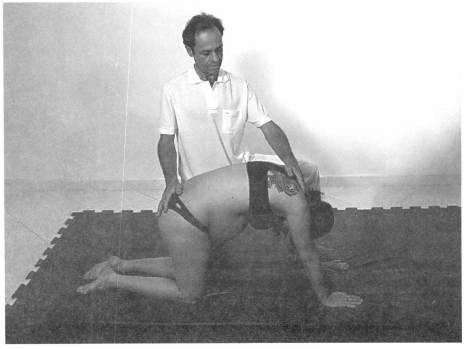

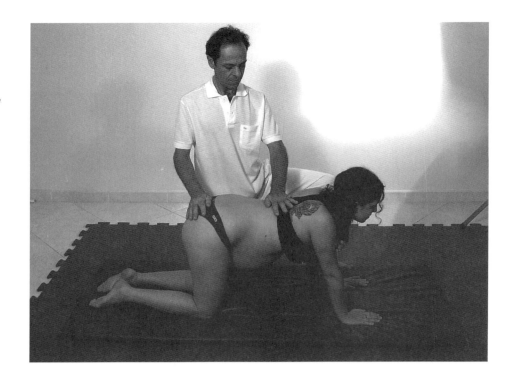

3. Polarização – toque leve ou imposição das mãos próximas da pele

A polarização é uma técnica que se embasa no campo eletromagnético que envolve todos os fenômenos do universo. No corpo temos o polo positivo ligado ao lado direito e superior, e o polo negativo ligado ao lado esquerdo e inferior.

Com a aproximação ou toque leve da mão direita (positiva) no lado esquerdo e inferior (negativo) e com a mão esquerda (negativa) no lado direito ou superior, promovemos uma corrente fluídica ao longo do corpo da massageada.

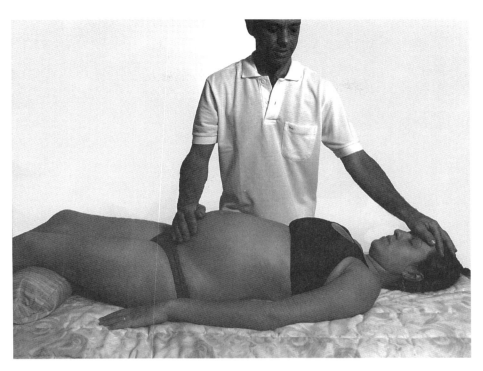
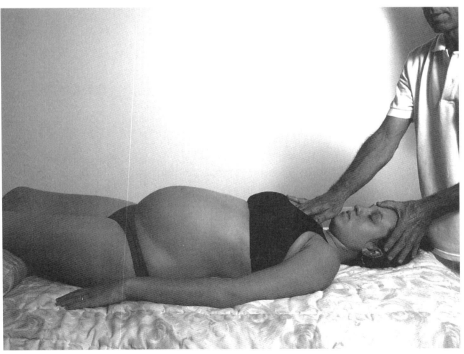

4. Alongamento ativo

a) Permanecer com as pernas elevadas e esticadas, com os pés apoiados na parede, sem tirar o osso sacro do chão. Se o contato do osso com o chão causar dor, apoiar-se sobre uma espuma fina. Esta posição alonga a região sacrolombar e a parte posterior das pernas.

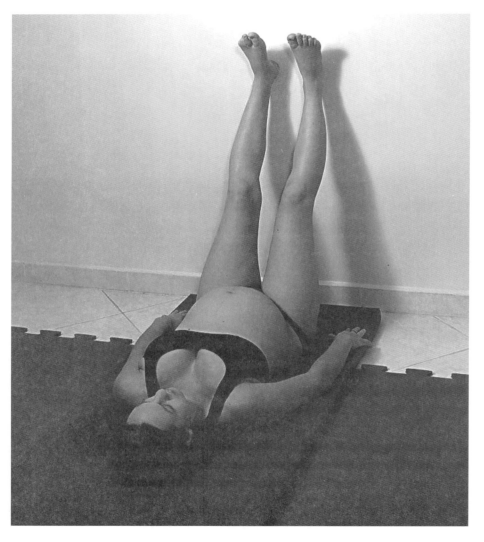

b) Partindo da posição anterior, flexionar os joelhos, apoiar os pés na parede e descê-los andando pela parede. Aqui o alongamento se dá na região lombotorácica.

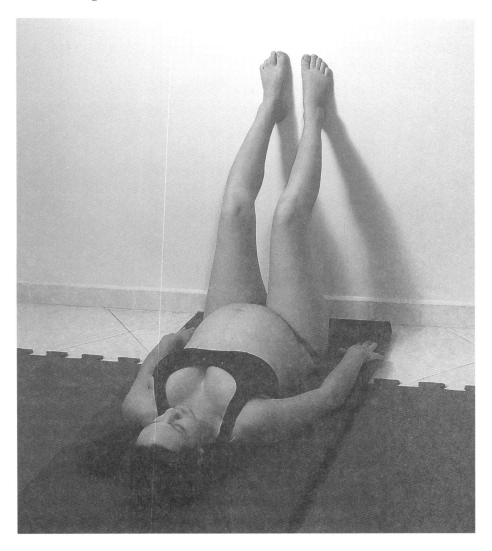

Obs.: as posições (a) e (b) servem como estímulo à circulação de retorno, consequentemente auxiliam para aliviar os inchaços e retenções nos pés e pernas.

c) Flexão dos joelhos em direção ao tronco, com as pernas afastadas. Na expiração as mãos aproximam as pernas do tronco, e na inspiração cede-se um pouco, sem sair da posição. Também pode ser feito com uma perna. Alongamento sacrolombar vertical e abertura da pelve.

d) Rotação do quadril, cruzando uma perna sobre a outra e fixar as escápulas e ombro no chão, não permitindo que entrem em rotação. Pode ser feito com os joelhos flexionados, deixando as pernas e os joelhos encostados. Este movimento alonga em rotação a região lombar.

e) Com os joelhos flexionados e os pés apoiados no chão, levantar o quadril e a coluna, mantendo o apoio nos pés e na região dos ombros. Os braços podem estar levantados. Voltar o tronco no chão procurando recolocar vértebra por vértebra no chão. Este movimento alonga e tonifica a parte posterior do tronco e promove uma auto-massagem nas costas.

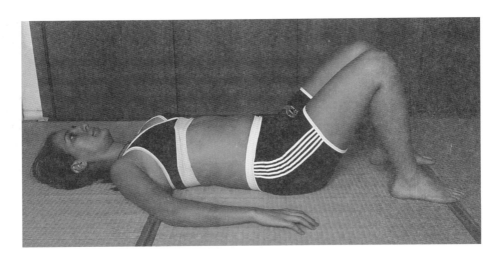

f) Apoio de uma bolinha de frescobol ou outra um pouco maior no terço inferior do osso sacro. Esta posição promove passivamente uma báscula do quadril, alonga a região lombossacral, abre na articulação sacroilíaca e relaxa o quadril e o ventre.

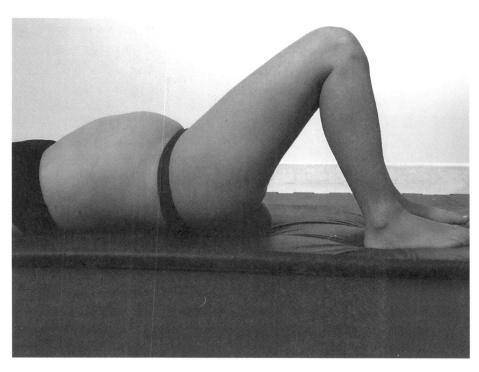
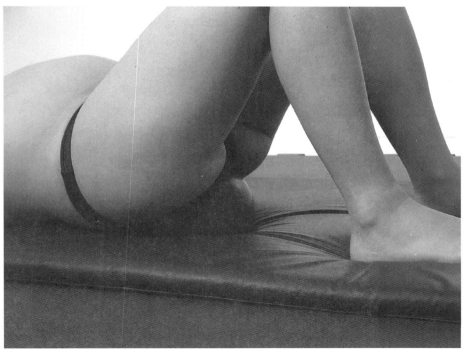

g) Sentada num banco baixo com as pernas separadas inclinar o tronco para frente, sem força, somente soltando o peso da cabeça e tronco, deixando a cabeça se aproximar do chão. Esta posição alonga a parte posterior do tronco e promove um enrolamento do tronco.

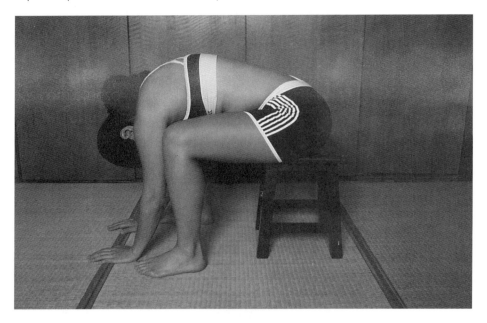

h) Sentada num banco baixo com as pernas, joelhos e pés voltados para frente com a coluna ereta, entrelaçar os dedos das mãos e apoiá--las na nuca. Promover uma rotação do tronco para um dos lados deixando os pés bem apoiados no chão. Repetir para o outro lado. Esse movimento alonga e tonifica a musculatura da parte posterior do tronco no sentido de rotação.

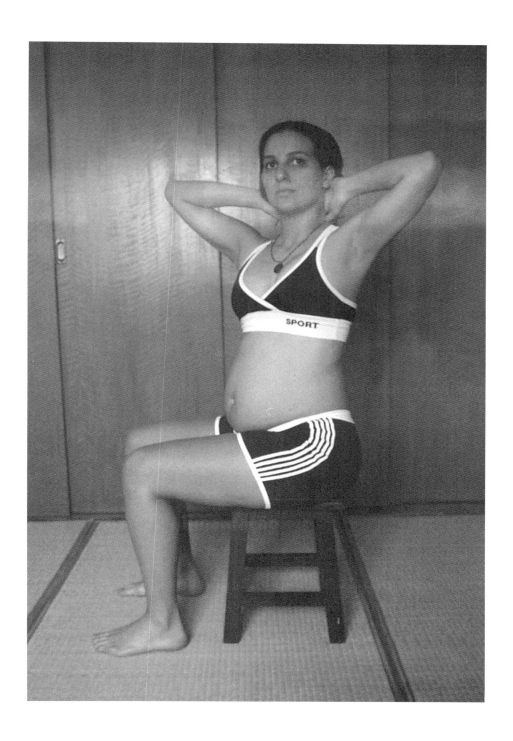

5. Trabalho ativo de tônus muscular (feito pela gestante com supervisão do terapeuta)

É importante a consciência e o discernimento da musculatura da região pélvica, e o fortalecimento de toda a musculatura de base do corpo — pés, pernas e pelve — sem exercícios pesados.

1. Posição: decúbito dorsal com os joelhos flexionados no chão

a) Fazer contração/soltura e meia contração /soltura, separadamente, do ânus (é a força de segurar as fezes) e da vagina (é a força de segurar a micção) e depois as duas forças simultaneamente. Identificar e explorar esta contração muscular no sentido de "fechar". Pode ser feito na hora da micção: soltar uma pequena quantidade de urina e parar.

b) Fazer contração/soltura e meia contração/soltura dos músculos usados para a micção e defecação, separadamente e depois simultaneamente. Explorar a sensação desta contração muscular na direção do interno para o externo, no sentido de "abrir" o ânus e a vagina, diferentemente da contração do item anterior.

c) Com os joelhos separados a mais ou menos um palmo e meio, fazer uma pressão contínua dos joelhos e coxas para dentro e depois para fora. Para isso é necessário uma outra pessoa (alguém envolvido na gestação é uma boa sugestão), fazendo resistência no sentido contrário. Se não houver ninguém, pode ser feito contra os pés de uma cadeira para abrir e com uma bola para fechar. A força deve ser constante durante alguns segundos e não com soquinhos. Para fechar as pernas (figuras 1 e 2) mobilizamos os músculos adutores (do lado de dentro da coxa), e na força para abrir (figuras 3 e 4) os músculos abdutores (do lado de fora das coxas). O músculo quadríceps (na frente da coxa) deve permanecer relaxado durante o trabalho.

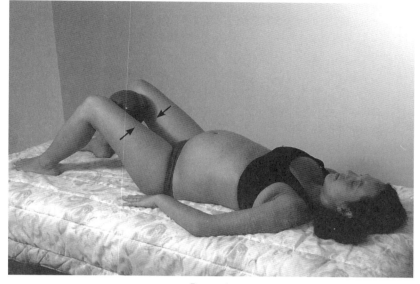

Figura 1.

Figura 2.

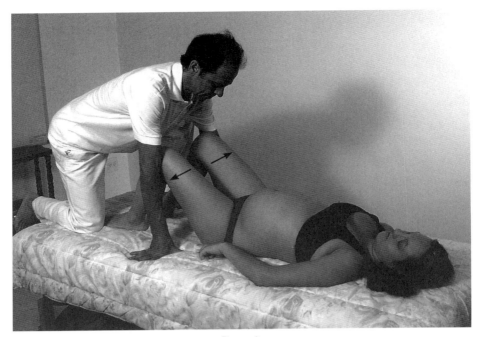

Figura 3.

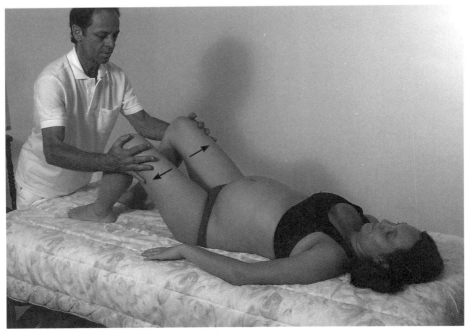

Figura 4.

2. Massagem perineal

Pode ser feita como automassagem, pelo(a) parceiro(a) ou pelo massoterapeuta e profissional da saúde com a autorização prévia da gestante.

Contraindicações: veias varicosas e lesões de herpes ativas.

Massagem:

⇒ Usar um óleo vegetal aquecido. Uma boa sugestão é o óleo de germe de trigo rico em vitamina E.

⇒ Com delicadeza e firmeza, usando os dedos indicador e médio, friccionar os tecidos do assoalho pélvico.

⇒ Com delicadeza, inserir os polegares ou outros dedos de maneira confortável dentro da vagina com profundidade aproximada de 3 cm.

⇒ Com movimento lento, pressionar para baixo e para os lados promovendo um alongamento e liberação dos tecidos. Tempo aproximado de três minutos.

⇒ Com pressão contínua e movimento lento, promover um movimento rítmico em U para frente e para trás na parte inferior da vagina.

Este trabalho no períneo permite que a gestante identifique os músculos ligados ao parto, à sensibilização da região interna da vagina, promove o alongamento das fibras dos músculos do assoalho pélvico e sua elasticidade, a liberação e integridade dos tecidos do períneo, aumenta o fluxo do sangue e da linfa.

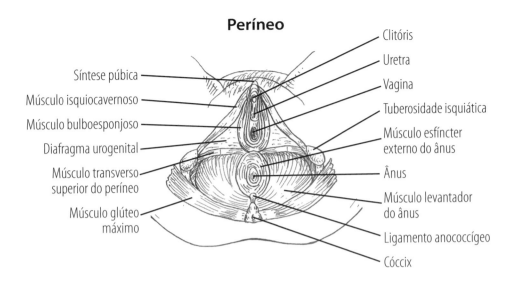

Períneo

3. Posição: em pé

a) Distribuir o peso do corpo por toda a planta do pé. Depois colocar mais peso em cada um dos três pontos assinalados na figura 4, apertando-o contra o chão. A seguir, distribuir o peso igualmente nos três pontos — essa é a posição que se deve manter os pés no cotidiano.

b) Projetar os calcâneos para fora sem alterar a distribuição nos três pontos, projetando juntamente os maléolos para cima.

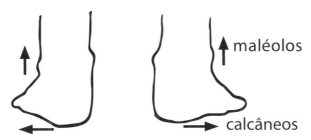

c) Elevar os dedos dos pés e recolocá-los no chão. Fazer com todos os dedos juntos e depois tentar fazer um por um. Agarrar o chão com os dedos e depois alongá-los pelo chão como se fossem crescer. Relaxar os dedos.

d) Rodar os joelhos (fêmur e tíbia) para fora e depois para dentro, com as pernas esticadas, mas sem hiperestender os joelhos, e sem alterar a planta dos pés no chão. Fazer uma perna por vez e depois as duas juntas com movimento lento e contínuo. Não fazer movimentos bruscos.

e) Flexionar uma perna e segurá-la com as mãos entrelaçadas sobre o joelho, permanecendo em equilíbrio sobre uma perna. Fazer dos dois lados, mantendo a respiração rítmica.

f) Posição: de cócoras. Manter toda a planta do pé no chão, promover uma força de empurrar o pé no chão, como se fosse levantar, alongando a coluna até a cabeça. Se o limite corporal não permite a posição de cócoras, apoiar-se em uma barra fixa ou em outra pessoa.

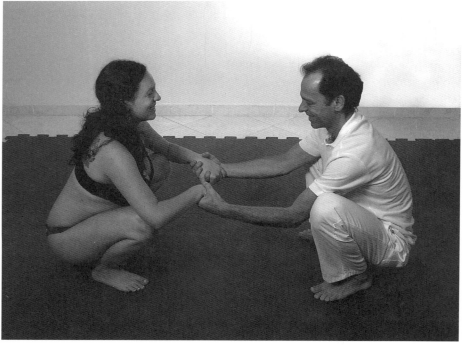

g) Posição: sentada nos calcanhares. Com os pés estendidos e com os artelhos apoiados no chão.

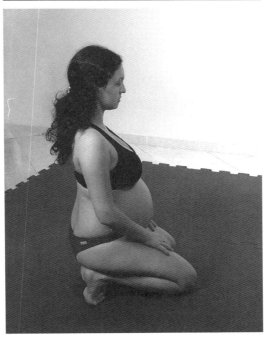

h) Posição: meio lótus. Trocar a perna.

3. No cotidiano

1. Posições no cotidiano

a) Procurar sentar o máximo possível com as pernas na altura do quadril, cruzadas em lótus ou em outra posição confortável, em superfície firme. Quando estiver sentada em uma cadeira, apoiar os dois pés no chão por inteiro. Evitar pernas soltas para baixo ou pernas cruzadas.

b) Para dormir:

⇒ Posição de costas na cama, com apoio embaixo dos joelhos, deixando-os flexionados e com travesseiro baixo sob a cabeça.

⇒ Deitada de lado com travesseiro deixando a cervical alinhada, e um travesseiro entre as pernas, que devem estar flexionadas.

O ideal é deitar do lado esquerdo, pois descomprime a artéria aorta abdominal e a veia cava inferior.

c) Em pé, fazer uma oposição de forças, empurrando os calcâneos para o chão e o ilíaco para cima, sem contrair os joelhos e o ânus. Esta postura sustenta o quadril, não permitindo que a lordose lombar ceda ao peso do abdômen.

d) Caminhar observando-se. Manter a posição dos pés com o peso distribuído nos três pontos de apoio (figura na p. 88). Manter a postura ereta sem se contrair, e os olhos, o peito e o púbis devem estar em direção ao horizonte. Não permitir que a barriga "caia"; pelo contrário, usar o seu peso para a projeção do andar para frente. Observar o seu limite no desgaste de energia, não amolecer nem se sobrecarregar. Lembre-se sempre de respirar.

e) Evitar salto alto, pois, além de forçar a coluna (região lombar), não dá uma boa base de equilíbrio.

2. Alimentação

Não menosprezar os "desejos", pois são uma forma autêntica do corpo se manifestar, mas não permitir que estes exijam quantidades ou variedades demasiadas — normalmente basta uma porção bem saboreada do alimento para saciar a vontade.

a) Evitar:

⇒ Mudanças radicais na alimentação na gestação, porém é importante organizá-la, já que há outro serzinho envolvido.

⇒ Evitar os extremos: por um lado o sal e a comida muito salgada, e de outro lado o açúcar, o mel e quantidades de alimentos muito doces.

⇒ Evitar alimentos tratados quimicamente, produtos refinados, vinagre, café e outros alimentos muito fortes.

⇒ Evitar alimentos muito ácidos (leguminosas fortes, frutos ácidos).

⇒ Evitar laticínios, pois geram mucos.

b) São aconselháveis:

⇒ Os cereais integrais (arroz integral, milho, trigo, cevada, aveia). São alimentos equilibrados em carboidrato, complexo B e fibras.

⇒ Missô e shoyu de uma forma geral, porém em pequena quantidade, pois são muito salgados. Além disso, o missô não é aconselhável no verão.

⇒ Folhas verdes (principalmente as verdes-escuras), cozidas ou cruas. São fontes de clorofila, vitamina K, cálcio e fibras.

⇒ Algas marinhas (todos os tipos), e sementes oleaginosas (gergelim, girassol). São fontes de cálcio, ferro e proteína vegetal.

⇒ Frutas oleaginosas (castanhas, avelãs, amêndoas). São fontes de proteína vegetal. No verão, em pequena quantidade.

⇒ Frutas que não sejam muito doces e frutas secas.

3. Cuidados gerais

a) Evite movimentos bruscos. Não levante de repente.

b) Procure mover bem os pés e as mãos, principalmente antes de se levantar.

c) Espreguice-se inteiramente antes de se levantar da cama, isto prepara a musculatura para iniciar as atividades.

d) Procure relaxar bem antes de dormir. Durma o suficiente para sentir-se descansada (em média 8 horas).

e) Esfregue bem o corpo ao tomar banho, inclusive a barriga. Evite água muito quente.

f) Use roupas folgadas e sutiã que não aperte as mamas, apenas sustente-as.

g) Evite o consumo de cigarros e bebidas alcoólicas e qualquer espécie de drogas.

h) Não dê ouvidos a conselhos generalizados repletos de ansiedades, mesmo quando bem-intencionados, e selecione a quem recorrer para orientação.

i) A troca de massagem entre os pais e familiares desperta confiança e carinho.

4. Conceitos da Medicina Tradicional Chinesa

1. Yīn e Yáng

Segundo os princípios da Medicina Tradicional Chinesa, que tem sua origem no Taoísmo, podemos avaliar todos os fenômenos manifestos. No caso deste material, o corpo humano e sua manifestações, por meio das energias **yīn** e **yáng**.

"No estado de repouso, o criativo (**yáng**) é uno e quando em movimento é reto, por isso produz o que é grande. No estado de repouso o receptivo (**yīn**) é fechado e quando em movimento se abre, por isso produz o que é vasto". *I Ching*

A energia *yīn* deu formação à Terra e nela se concentra, da mesma forma que a energia *yáng* deu formação ao Céu e nele se concentra. As forças telúricas e celestiais interagem incessantemente, do Céu para a Terra e da Terra para o Céu. A energia *yīn* atrai *yáng* e vice-versa.

A energia *yīn* é uma força que abre e tem o potencial da transformação. A energia *yáng* é uma força concentrada e tem o potencial da mobilização.

Na avaliação do *yīn* e *yáng* não há qualidade no sentido de melhor ou pior, de bom e mau, não há preferência em nenhuma circunstância, as duas forças atuam de forma a regular uma a outra, dinâmica e constantemente. Assim sempre que nos deparamos com uma tendência repetida ou crônica de um dos lados, estamos diante de um desequilíbrio ou, em outras palavras, quando uma força prevalece em relação a outra.

O que garante o movimento energético harmonioso é o equilíbrio entre *yīn* e *yáng*, com a sua oscilação complementar, para isso é necessário vivenciar e conhecer os dois lados. Não há um ponto estático de equilíbrio, e em contrapartida as situações extremadas levam a um desgaste de energia vital.

O extremo *yīn* reverte-se em *yáng*, como, por exemplo, o frio extremo que se transforma em febre.

O extremo *yáng* reverte-se em *yīn*, como, por exemplo, o calor que gera arrepios de frio.

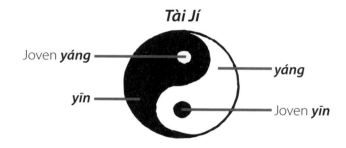

Yīn	Yáng
Obscuro	Luminoso
Receptivo	Criativo
Crescimento	Geração
Frio	Quente
Umidade	Secura
Terra	Céu
Decomposição	Organização
Outono-Inverno	Primavera-Verão
Líquido	Sólido
Mole	Duro
Fêmea	Macho
Doce	Amargo-Salgado
Angústia-Medo	Cólera-Obsessão
Introversão	Extroversão
Sintomas crônicos	Sintomas agudos
Relaxamento	Tensão

2. Cinco Movimentos

Todos os organismos vivos têm dois movimentos de organização: um de auto-organização, que determina a sua evolução, e outro de influência do organismo maior onde está inserido, que determina a sua duração e integração. Segundo a antiga Filosofia Oriental, estes movimentos de organização se dão em ciclos, que propiciam determinadas manifestações por etapas.

99

Ciclo de Geração (shēng)	Ciclo de Dominância (kè)
Madeira gera Fogo (queimando)	A Madeira se sobrepõe à Terra (cobrindo)
Fogo gera Terra (pelas cinzas)	A Terra se sobrepõe à Água (absorvendo e represando)
Terra gera Metal (no seu íntimo subsolo)	A Água se sobrepõe ao Fogo (apagando)
Metal gera Água (a fusão o liquefaz)	O Fogo se sobrepõe ao Metal (derretendo)
Água gera madeira (nutrindo-a)	O Metal se sobrepõe à Madeira (cortando)

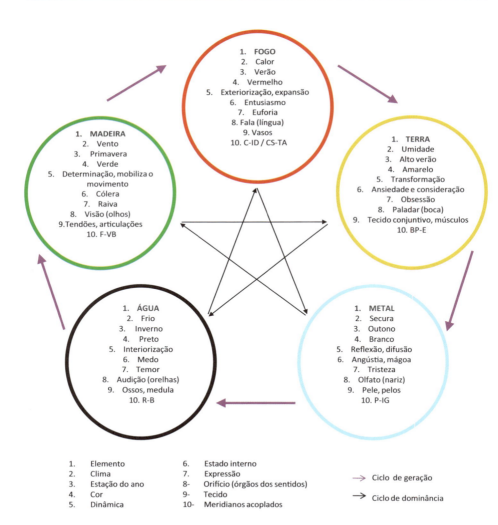

1. Elemento
2. Clima
3. Estação do ano
4. Cor
5. Dinâmica
6. Estado interno
7. Expressão
8- Orifício (órgãos dos sentidos)
9- Tecido
10- Meridianos acoplados

→ Ciclo de geração
→ Ciclo de dominância

100

3. Tendências de manifestações em cada período

Elemento	Madeira	Fogo	Terra	Metal	Água
Estação	Primavera	Verão	Alto verão	Outono	Inverno
Clima	Ventos	Calor	Umidade	Seco	Frio
Cardeal	Leste	Sul	Centro	Oeste	Norte
Orgão (*Yīn*)	Fígado	Coração	Baço-Pâncreas	Pulmão	Rim
Víscera (*Yáng*)	Vesícula biliar	Intestino delgado	Estômago	Intestino grosso	Bexiga
Tecido	Ligamentos, tendões	Vasos	Tecido conjuntivo, músculos	Pele, pelos	Ossos, medula
Orifício	Olhos	Língua	Boca	Nariz	Ouvido, genital e ânus
Líquido	Lágrima	Suor	Saliva	Muco	Urina
Sentimento	Cólera	Entusiasmo	Ansiedade	Angústia	Medo
Ação	Determinação, criação	Exteriorização	Transformação	Reflexão	Interiorização
Desenvolvimento	Nascimento	Crescimento	Mudança, puberdade	Maturidade	Armazenagem, velhice
Som	Grito	Riso	Canto	Pranto	Gemido
Sabor	Ácido	Amargo	Doce	Picante	Salgado
Cor	Verde	Vermelho	Amarelo	Branco	Preto

4. Avaliação energética com base nos estados anímicos, referente aos Cinco Movimentos

Para definir os estados do ser humano correspondentes aos Cinco Movimentos, encontramos os termos raiva, alegria, ansiedade, angústia e medo, que a princípio nos sugerem qualidades boas ou ruins, ou seja, situações que almejamos ou que não desejamos. Porém, neste ponto, ao julgarmos bom ou ruim, nos distanciamos do pensamento taoísta, que sugere os cinco estados como potenciais inerentes ao ser humano, e que podem ser vivenciados harmoniosamente. O desequilíbrio se dá quando há excesso ou falta de energia em determinado estado. Realmente podemos verificar que independentemente de julgarmos bom ou ruim, ou de querermos evitar ou valorizar algum estado interior, a verdade é que passamos por todos eles, pois os sentimos.

Usamos o termo "qualidade anímica" para expressar estes sentimentos de maneira mais ampla, na tentativa de compreendermos o movimento que caracteriza cada sentimento, complementarmente aos termos supracitados que definem as nossas emoções ou estados psicológicos correspondentes.

Os movimentos nos mostram o potencial, os sentimentos, a qualidade e as emoções da expressão.

Elemento	Movimento	Sentimento	Emoção
Madeira	Determinação	Cólera	Raiva
Fogo	Exteriorização	Entusiasmo	Euforia
Terra	Transformação	Ansiedade	Obsessão
Metal	Reflexão	Angústia	Tristeza
Água	Interiorização	Medo	Temor

Assim, podemos observar as manifestações por meio das emoções expressas e dos sentimentos vivenciados, com o propósito de compreendermos o movimento dos estados anímicos, e a influência que exercem na dinâmica da totalidade de nossos potenciais.

Dentro da panorâmica do todo, desequilíbrio não é sinônimo da vivência de um estado (seja entusiasmo-euforia, reflexão-angústia ou outro qualquer), mas sim a permanência em um estado e a consequente estagnação, ou o desvio de tal estado, evitando (o que na realidade significa protelando e acumulando) a sua vivência.

Já na visão específica de cada estado, desequilíbrio significa o excesso ou a falta de energia de tais estados, ou seja, a vivência extremada do sentimento (com a tendência de projetar a nossa energia em outras pessoas ou situações) ou a escassez da sensibilidade em determinado(s) sentimento(s).

Os estados ou etapas se dão:

⇒ Pela influência do externo para o interno (fatores exógenos), pelo movimento dos sistemas nos quais estamos inseridos: dia/noite, luas, estações, planetas e constelações; de forma cíclica e ritmada.
⇒ Pela influência do interno para o externo (fatores endógenos), mediante nossas reações às situações que nos ocorrem e das situações que geramos, de forma arrítmica e com a possibilidade de estacionarmos ou pularmos etapas.

Esses dois aspectos ocorrem concomitantemente, assim vivemos ciclos inteiros em diferentes espaços de tempo (anos, meses, semanas, dias, horas ou momentos) simultaneamente, como várias roldanas de tamanhos diferentes, girando ao mesmo tempo e atuando em uma totalidade.

Se em determinada estação as manifestações que apresentarmos forem na linha das propensões descritas do período, podemos trabalhar motivando de fato as próprias manifestações, o que significa uma convivência, e às vezes um aguçar dos sintomas que se apresentam, para através da vivência consciente de tais manifestações, compreendermos o seu curso, e assim nos tornarmos mais maduros e resistentes.

Por outro lado, se o que apresentarmos não está no âmbito das propensões do período, devemos verificar com maior detalhamento o nosso processo pessoal interior e o nosso histórico orgânico. Assim poderemos detectar em que aspectos (com base nos próprios referenciais dos cinco elementos) a nossa energia se encontra retida ou dispersa, fato que, em tal situação, ou já vem ocorrendo internamente há algum tempo, ou então é consequência de algum acontecimento diferenciado.

Segundo a Medicina Tradicional Chinesa, para equilibrar as alterações de energia (retida ou dispersa) usa-se o recurso do estímulo nos pontos dos canais de energia (meridianos). Estes canais são responsáveis pela reserva, abastecimento e transformação das substâncias vitais do organismo.

Anexo:

Mapas dos meridianos

Nas próximas páginas, os mapas apresentam a localização precisa dos 14 Meridianos Principais, que são:

Nome	Abreviação	Número de pontos	Trajeto
Pulmão	P	11	Do tronco para a mão
Intestino Grosso	IG	20	Da mão para a cabeça
Estômago	E	45	Da cabeça para os pés
Baço-Pâncreas	BP	21	Dos pés para o tronco

Nome	Abreviação	Número de pontos	Trajeto
Coração	C	9	Do tronco para a mão
Intestino Delgado	ID	19	Da mão para a cabeça
Bexiga	B	67	Da cabeça para os pés
Rins	R	27	Dos pés para o tronco
Circulação da Sexualidade	CS	9	Do tronco para a mão
Triplo Aquecedor	TA	23	Da mão para a cabeça
Vesícula Biliar	VB	44	Da cabeça para os pés
Fígado	F	14	Dos pés para o tronco
Vaso da Concepção	VC	24	Da base do tronco para a boca (face anterior)
Vaso Governador	VG	28	Da base do tronco para a boca (face posterior)

Os 12 primeiros meridianos descritos do quadro são bilaterais, e praticamos a massagem nos dois lados do corpo; já os meridianos VC e VG são únicos, estão no centro do corpo, nas faces anterior e posterior. Nas figuras dos mapas a seguir, temos a indicação de onde se inicia cada meridiano e o seu trajeto, com a cor correspondente.

A massagem chinesa é aplicada sobre os meridianos (vide o capítulo Tipos de toque, na p. 20), no sentido do seu fluxo e enfatizando os pontos de acordo com a necessidade. No caso da gestante, é fundamental a leitura das indicações e contraindicações, que constam no capítulo Pontos de estímulo, na p. 51.

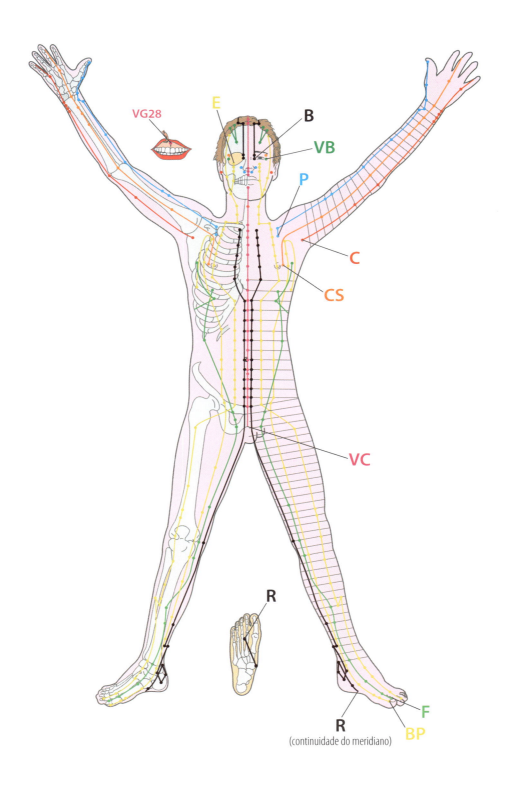

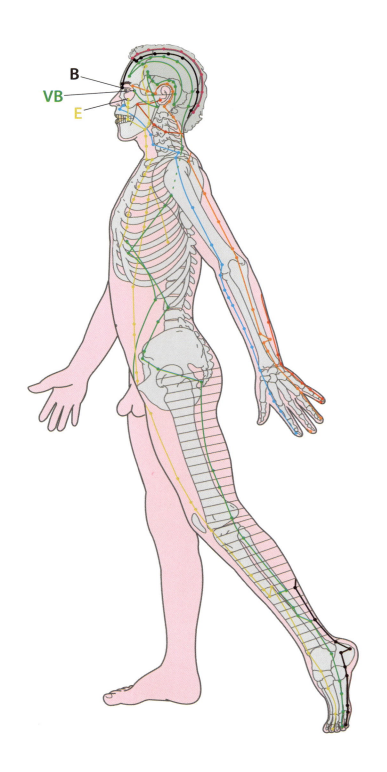

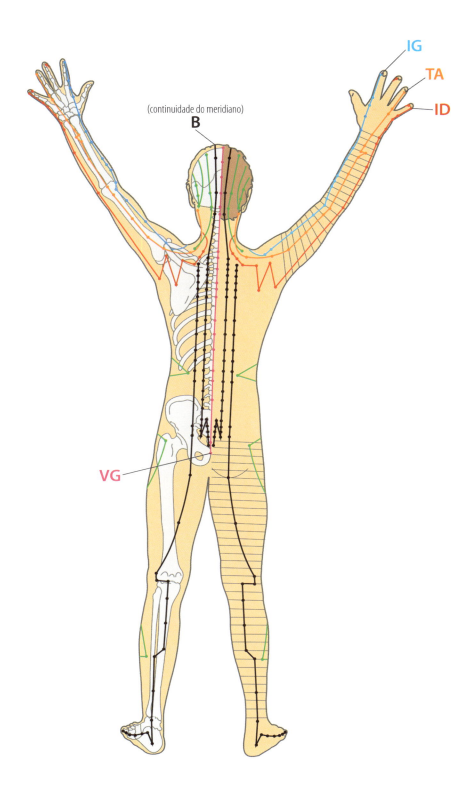

Bibliografia

CANÇADO, Juracy. *Do in para crianças.* Rio de Janeiro: Ed. Ground, 1987.

DONATELLI, Sidney. *Macro e Micro cosmos.* São Paulo: Ssua Editora, 2007.

DONATELLI, Sidney. *Mapa dos meridianos.* São Paulo: Ssua Editora, 2007.

DONATELLI, Sidney. *Caminhos de Energia. Atlas dos meridianos e pontos para massoterapia e acupuntura.* São Paulo: Roca, 2011.

FEINBERG, Alice. *A gravidez; o parto e cuidados com o bebê.* Rio de Janeiro: Ed Grond, 1990.

LEBOYER, Fréderick. *Shantala.* Rio de Janeiro: Ed Grond, 1896.

MONTAGU, Ashey. *Tocar.* São Paulo: Summus Editorial,1988.

STRAUS, Carla. *Ginástica.* São Paulo: Ed. Hemus, 1977.

Site
www.escola-amor.com.br

*Esta barriguinha, tão cuidada, que serviu de modelo
para as fotos, floriu e deu à luz o Arthur,
meu amado neto.*